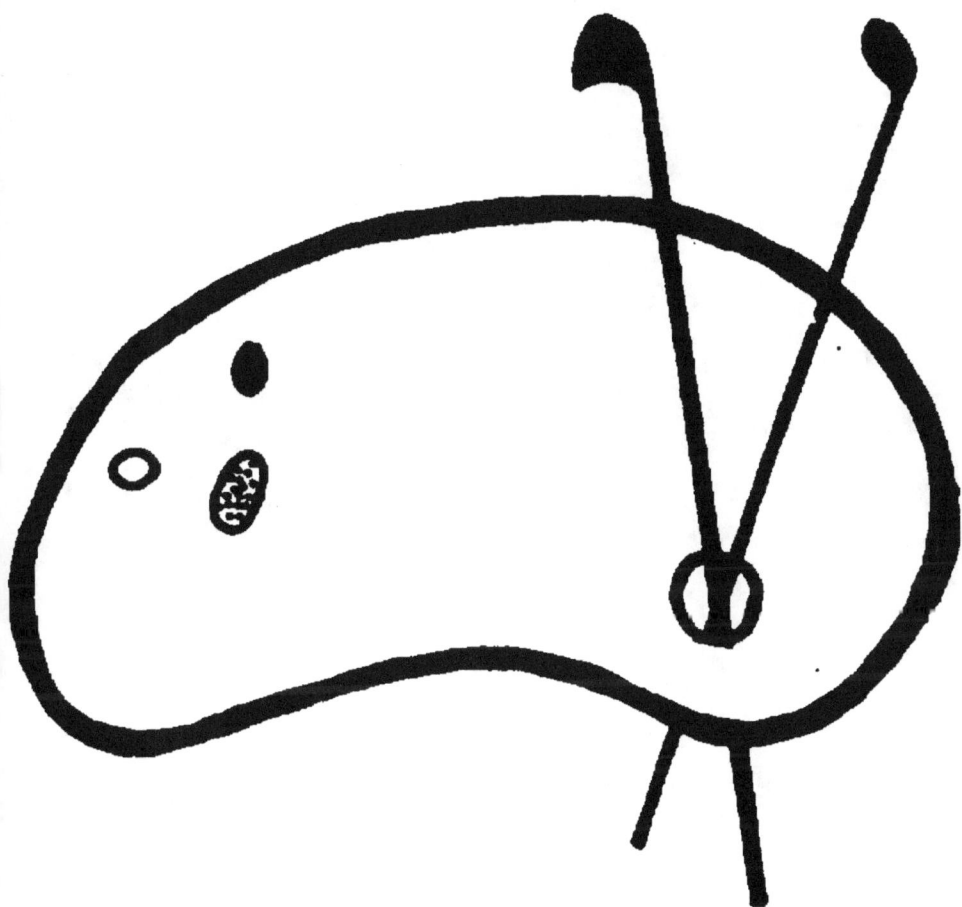

DEBUT D'UNE SERIE DE DOCUMENTS
EN COULEUR

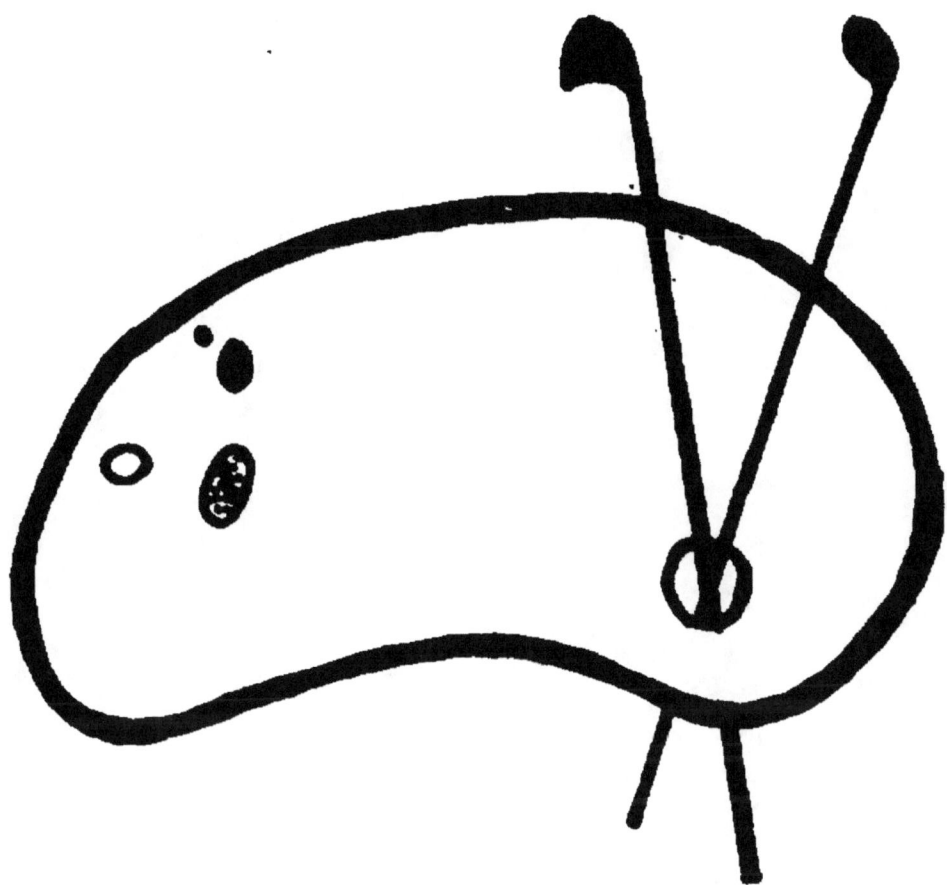

FIN D'UNE SÉRIE DE DOCUMENTS
EN COULEUR

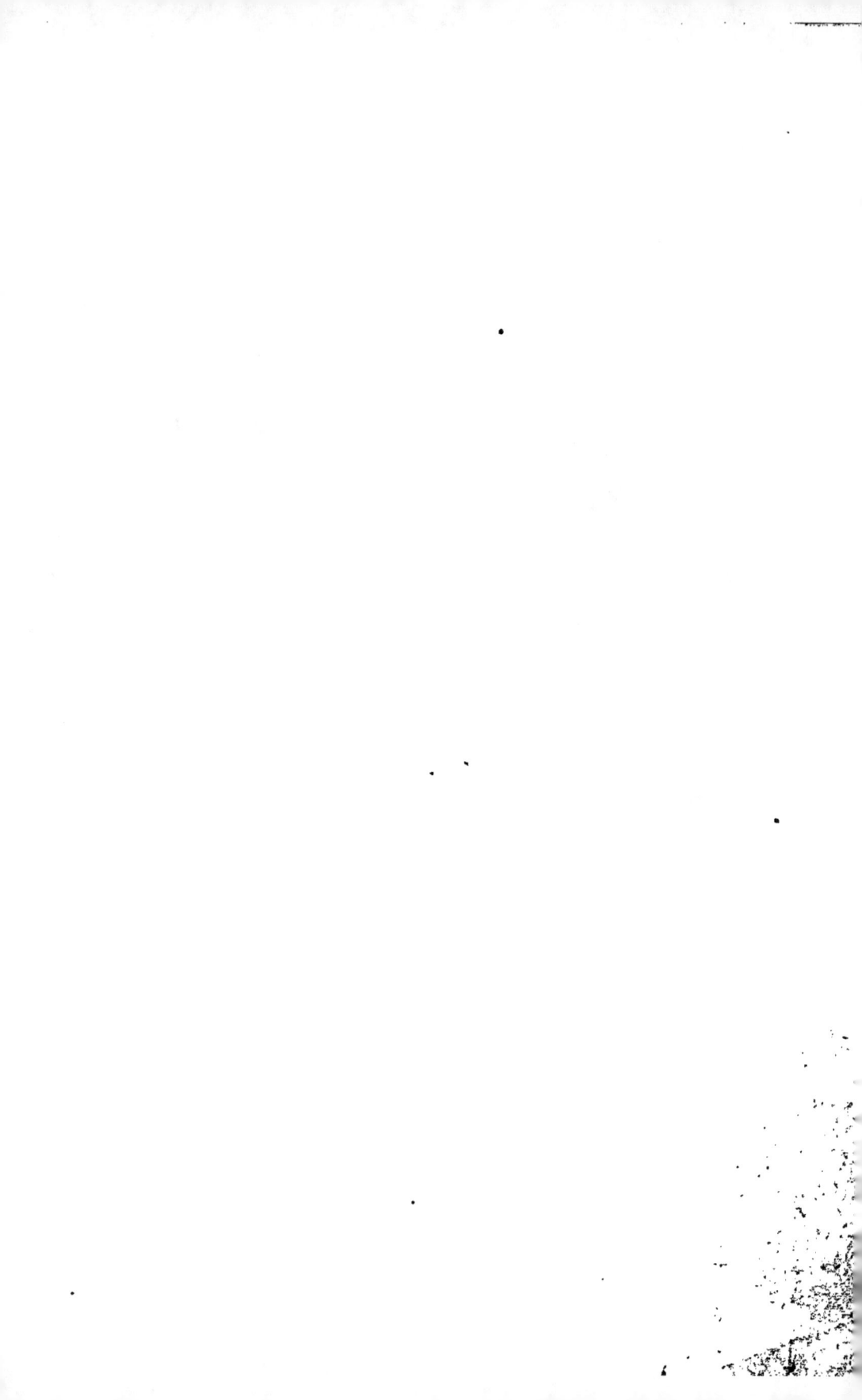

AMY ROBSART

OPÉRA EN TROIS ACTES ET QUATRE TABLEAUX

AMY ROBSART

OPÉRA EN TROIS ACTES ET QUATRE TABLEAUX

EN PROSE RYTHMÉE

DE

Sir Augustus **HARRIS** et Paul **MILLIET**

MUSIQUE DE

Isidore de **LARA**

PRIX : DEUX FRANCS NET

PARIS

CHOUDENS fils, Éditeur

30, BOULEVARD DES CAPUCINES, 30

—

1894

PERSONNAGES

A Monte-Carlo, *direction* RAOUL GUNSBOURG, 1894

AMY ROBSART, soprano.	Mmes A. SEMBRICH.
LA REINE ÉLISABETH, mezzo-soprano.	RISLER.
LEICESTER, ténor.	MM. ENGEL.
VARNEY, baryton.	MELCHISSEDEC.
LAMBOURNE, basse chantante.	DESGORIA.
TRESSILIAN, 2º ténor.	. ARMAND

1er Acte. — A CUMNOR HALL.

2º — — A KENILWORTH.

3º — — 1er Tableau : A KENILWORTH.

2º — A CUMNOR.

Représenté pour la première fois en 1803 à Londres à Drury Lane,
direction SIR AUGUSTUS HARRIS.

AMY ROBSART

OPÉRA EN TROIS ACTES ET QUATRE TABLEAUX

ACTE PREMIER

LE PARC DE CUMNOR HALL

Au fond, à droite, on aperçoit le château à travers les arbres. A gauche, un mur avec une petite porte.

SCÈNE PREMIÈRE

LAMBOURNE et TRESSILIAN

LAMBOURNE

Nous voici dans le château
Où Maître Forster tient cachée
  La belle inconnue...
A l'œuvre donc !... Car il faut se hâter.
  Astuce et courage
  Pour braver le danger !
A vous la tendre colombe ;
A moi l'oiseau funèbre !
  Alerte, camarade!

(Il sort.)

1

SCÈNE II

TRESSILIAN, puis AMY ROBSART

TRESSILIAN, seul.

Certe, il faut que je la délivre !
Je l'ai promis, je l'ai juré.
Mais consentira-t-elle à suivre
Celui qu'elle a désespéré ?
Et le souvenir de son père
L'emportera-t-il dans son cœur
Sur la passion mensongère
De son infâme ravisseur ?
Ah ! quelle angoisse est dans mon âme !... C'est elle.

AMY ROBSART

C'est toi ! toi, mon bien-aimé !
Comme il est doux, le bonheur du retour !
C'est toi, mon seul amour !
Oh, reste dans mes bras ! Ne t'en va plus jamais.
Ecoute, mon bien suprème :
Garde ce cœur qui ne bat que pour toi.
Ne t'en va plus jamais... jamais !

(Elle reconnaît Tressilian.)

Tressilian !... Que veux-tu ?

TRESSILIAN

Te sauver !... Oui, te rendre libre.

AMY ROBSART

Mais je le suis.

TRESSILIAN

Tu l'es !... Alors, suis moi !

AMY ROBSART

Où donc ?

TRESSILIAN

A Lidcote.

AMY ROBSART

Pourquoi ?

TRESSILIAN

Je vais te l'apprendre :

C'est ton père mourant qui m'envoie en ces lieux.
Si tu veux recueillir ses paroles suprêmes,
Viens ! L'heure va sonner des éternels adieux ;
Viens sans perdre un instant ; viens vite si tu l'aimes
Sa tendresse pour toi l'empêche de mourir
Avant d'avoir revu la fille qu'il adore,
Avant de l'embrasser, avant de la bénir...
Ah, viens, Amy, pendant qu'il en est temps encore !...

AMY ROBSART

O mon père !

TRESSILIAN

Eh bien ?...

AMY ROBSART

Oui... je partirai... ce soir.

TRESSILIAN

Non, sur l'heure !

AMY ROBSART, troublée.

C'est impossible.

TRESSILIAN

Qui donc te retient ?

AMY ROBSART

Le devoir.

TRESSILIAN

Il n'en est qu'un, grave, terrible,
C'est d'obéir aux ordres de la Mort,
Car elle n'attend pas... Allons, il faut me suivre !

(Il la saisit par la main.)

AMY ROBSART, se débattant.

Non ! non !

TRESSILIAN, cherchant à l'entraîner.

Eh bien donc, malgré toi,
Amy Robsart, je te délivre !

AMY ROBSART

A moi !

(On frappe violemment à la porte du parc.)

TRESSILIAN

Quelqu'un ?

AMY ROBSART, se dégageant.

Ah ! laisse-moi !...

(Amy, profitant de la surprise de Tressilian, lui échappe et disparaît dans
le château.)

SCÈNE III

TRESSILIAN, VARNEY, puis LAMBOURNE

TRESSILIAN, seul.

Qui donc est là ?...

(Varney paraît à la porte.)

Le séducteur !... Varney !...

VARNEY

Tressilian !... Qui t'amène en ces parages ?

TRESSILIAN

La Foi ! L'Amitié ! Le Devoir !...
Mais toi, réponds aussi :
Que fais-tu donc ici ?
Le déshonneur qui couvre le nom d'Amy,
Sa honte, sa misère.
Sa vie, hélas, brisée,
Voilà ce que vient contempler ton âme vile !...
L'épée à la main, sur l'heure...
Que Dieu juge entre nous !

(Ils se battent. A la troisième passe, Varney tombe, Tressilian lève l'épée pour
le frapper, mais Lambourne se précipite et lui retient le bras.)

LAMBOURNE

Halte !...

TRESSILIAN

Arrière, truand !...

LAMBOURNE

Compère, la fête est terminée !...
Nous sommes trois.
Croyez-moi,

Le mieux qui vous reste à faire
C'est encor de reprendre votre chemin...
Sans plus penser à la belle !
Décampez vite !...

TRESSILIAN

Varney, l'Enfer
Te réserve des coups bien plus rudes encore
Dans d'autres lieux où nul ne nous interrompra ;
Et c'est Dieu qui désignera
La victime de nos épées.

(Il sort.)

SCÈNE IV

VARNEY, LAMBOURNE

VARNEY, à Lambourne.

Ton aide me fut précieuse.

LAMBOURNE

J'avais vu le danger,
Or, n'étant point un sot
Et n'ayant pas l'âme peureuse,
J'ai tout compris à demi-mot.

VARNEY

Je ne l'oublierai pas. Accepte cette bourse;
Tu dois avoir quelques gais compagnons
A l'auberge voisine ?

LAMBOURNE, soupesant la bourse.

Oh, la divine source
De rires et de glouglous sonores ! Nous boirons
Au succès de votre entreprise !

VARNEY

Merci.

(Lambourne sort.)

Mon entreprise, a-t-il dit ? Songe creux !
Ne dépend-elle pas de l'humaine sottise ?
Du caprice d'un homme ? — Et d'un homme amoureux ?...
O passions, mauvaises conseillères...

(S'arrêtant.)

Sauf... la haine et l'ambition
Que l'intérêt guide et modère !...

(Après un moment.)

Trouverai-je en Leister une déception ?
Sera-t-il l'instrument docile
Que j'ai toujours rêvé de tenir en ma main ?
Qui le sait ?... O Leister !... O nature débile !...
Il recevra la Reine à Kenilworth demain,
Et j'apprends qu'il accourt à Cumnor aujourd'hui !
A la veille de prendre un trône,
Il vient ici,
D'un peu d'amour solliciter l'aumône !

(Après un nouveau silence.)

Avec lui je dois tout prévoir,
Et puisque ma fortune est liée à la sienne,
Rien ne doit m'émouvoir.
Il faut surtout que je retienne
Ceci comme une loi :
« Amy Robsart vivante est un obstacle à craindre ;
« Et, sans elle, je puis de Leister faire un Roi ! »

(Il semble perdu dans ses réflexions. Tout à coup, on entend le galop lointain
d'un cheval. Varney écoute, puis s'écrie.)

Ah ! c'est lui ! Restons là. Veillons, et sachons feindre !...

(Il disparaît dans les arbres.)

SCÈNE V

AMY ROBSART, LEICESTER.

(Amy et Leicester paraissent au fond de la scène.)

AMY ROBSART

Leister !

LEICESTER

O ma bien-aimée !

AMY ROBSART

O joie immense
De revoir ce qu'on aime !

LEICESTER

O ma femme, ô mon adorée !

ENSEMBLE

Dans l'extase de notre doux rêve
Emporte-nous, ivresse profonde :
Donne-nous l'oubli des choses
Et rends pour nous cette nuit éternelle !

AMY ROBSART

Cher époux, dis-moi que tu m'aimes !

LEICESTER

Mon cher trésor, mon bien suprème,
Oui, je t'aime !

AMY ROBSART

Parle, parle encor

(Des paysans passent, en chantant, auprès du château.)

ACTE PREMIER

CHŒUR

Ah! rentrons bien vite au logis
Et que s'envolent nos soucis !
L'étoile brille dans la nuit sombre
Et le ciel calme s'emplit d'ombre.
L'astre et la brise, tout parle d'amour
Dans le déclin du soleil et du jour.

LEICESTER

Entends-tu ce chant paisible
Qui monte dans la nuit tranquille et pure ?
C'est le calme et la foi qu'il apporte à notre âme.
Ces humbles sont heureux dans leur chaumière
Ils ont à leur côté les êtres qu'ils aiment le mieux !
Tandis qu'à moi, l'homme que l'on envie,
Et que dévore l'ambition fatale,
Ta tendresse n'est pas permise !...

AMY ROBSART

Eh quoi ? Tu vas m'abandonner encore ?

LEICESTER

Prends courage, cher ange ! l'heure est proche
Où j'aurai le droit de t'appeler
« Mon épouse » à la face du monde.
Mais, crois moi, demeure cachée en ces lieux
Quelques jours encore, ou sinon
Tu me jettes au fond d'un abîme effroyable !

AMY ROBSART

Faut-il donc que je dise adieu
A l'espérance ?

LEICESTER

Non, car elle sera réalisée.,.

1.

AMY ROBSART

Tu le jures ?

LEICESTER

Je le jure !
Toi, le sourire, le rayon de soleil,
Toi, le charme, l'espoir de ma tendresse,
Laisse ma lèvre boire à ta lèvre l'enivrant dictame !...

AMY ROBSART

A toi je m'abandonne, mon maître et mon vainqueur,
Prends l'esclave qui t'adore, et dispose de son cœur !

ENSEMBLE

Rien n'existe plus sur terre
Que l'ivresse de l'amour ;
Je te serai fidèle jusqu'à mon dernier jour.

AMY ROBSART

Parle encore ! Ta parole frémissante
M'emporte dans l'extase enivrante
Des tendresses immortelles !

LEICESTER

Toi, le sourire, le rayon de soleil,
Toi, le charme, l'espoir de ma tendresse,
Laisse ma lèvre boire à ta lèvre le dictame d'amour !

(Peu à peu la nuit est devenue étincelante d'étoiles.)

LEICESTER

La nuit pour nous fait fleurir
Dans l'azur sans voiles
Un jardin merveilleux d'astres d'or et d'étoiles !...

AMY ROBSART

Et ces astres entr'ouvrent leurs corolles,
Et des parfums subtils descendent sur la terre ;
Tout s'enveloppe de mystère.

AMY et LEICESTER

A   ur !.. Saint oubli des choses !
Il n'est plus de larmes ni de douleurs !...
Tout est lumière, gloire, rayonnement et splendeurs !
Aimer ! rêver ! hymne divin que chante le Ciel
Et que redit la nuit à l'aurore !
Tout est lumière, gloire et splendeurs !

(Leicester et Amy restent un moment embrassés. Tout à coup les premières lueurs
de l'aube blanchissent le ciel, et Leicester fait un effort suprême pour s'arracher des bras d'Amy.)

LEICESTER

Il faut partir... Adieu !

AMY ROBSART

Non. Reste encore !

LEICESTER

Vois les feux de l'aurore
Qui déjà blanchissent le ciel !...
Adieu !

AMY ROBSART

Le mot cruel !

LEICESTER

Adieu, cher ange !

AMY ROBSART

Adieu, tout ce que j'aime!

LEICESTER

Adieu, mon bien suprême !

(Leicester s'éloigne lentement. A peine a-t-il disparu qu'Amy croise les mains et les tend avec ferveur vers le ciel.)

AMY ROBSART

Anges du ciel, qui veillez sur nous,
     Écoutez ma prière ;
Vous protégerez l'époux qui m'est fidèle
Contre les embûches et les périls du chemin ;
     Vous défendrez ses jours contre ses adversaires
Et vous le rendrez au cœur qui ne bat que pour lui.
     Ainsi soit-il !

(Tandis qu'elle prie, Varney s'est approché d'elle doucement et au moment où Amy se dispose à regagner le château, il lui barre le passage.)

SCÈNE VI

AMY, VARNEY·

VARNEY, à Amy.

Tu priais ? Et pour qui ?

AMY ROBSART

Varney !... C'est toi qui m'interroges !
     Ton maître à l'instant même
     Vient de quitter ces lieux ;
     Ne dois-tu pas le suivre ?

VARNEY

Mon devoir m'impose de rester en ce château.

AMY ROBSART

Quelle audace !... Sais-tu bien à qui tu parles ?
Je suis la Comtesse de Leicester.

VARNEY

Oui... la Comtesse infortunée.

AMY ROBSART

Cesse à l'instant.
Le Comte te considère comme un ami fidèle,
Tu ne dois pas tenir un pareil langage
Devant moi.

VARNEY

Je viens te délivrer d'un grand péril.

AMY ROBSART

C'est mon époux et mon seigneur
Qui seul doit me protéger...

VARNEY

Le Comte ?... Folle erreur !...
O confiance aveugle ! Admirable innocence,
Que l'on endort avec l'espoir
Et les serments d'amour;
Et qui se révolte
Quand l'amitié clairvoyante
Veut lui montrer l'abîme entr'ouvert sous ses pas !

AMY ROBSART

Ciel !... qu'entends-je?... ô terreur !
Quels accents sinistres !...
Oui, malgré moi je frissonne, hélas!
Tristes pressentiments !... Jour fatal !...
Je vois le deuil s'étendre sur mon amour...
Ah! maintenant, de grâce... parle ! Je veux savoir
La vérité cruelle et le malheur qui me menace.
Parle donc !

VARNEY

La vérité ?... Ta candeur est bien grande
Si tu crois que c'est l'intérêt du royaume
Qui retient le Comte loin de toi !...

AMY ROBSART

Mensonge ! mensonge ! Vassal, qu'oses tu dire ?
Je crois et je veux toujours croire en mon époux !

VARNEY

Pourquoi douter de mes paroles ?
Le monde entier en est témoin ;
Tu lui fus chère... mais aujourd'hui,
Le Comte est l'esclave de notre Reine...

AMY ROBSART

Le doute m'oppresse,
La foi m'abandonne,
Mon âme troublée
Est pleine d'angoisse.

VARNEY, à part.

Travaille, travaille, funeste poison
Qui verses le doute et l'angoisse dans l'âme ;
Répands en ses veines la crainte jalouse.
Travaille ! travaille !

(À Amy.)

D'Élisabeth mon noble maître est devenu le conseiller,
Et notre Reine sera demain
L'hôte de son grand favori...
L'on prépare des jeux superbes
Pour sa visite,
Dans le palais et les jardins de Kenilworth...

AMY ROBSART

Supplice effroyable !
La foi m'abandonne,

Mon âme troublée
Est pleine d'effroi !...

VARNEY

Et maintenant, tu sais pourquoi
Le monde ignore ton mariage et ta demeure :
Qu'un jour se brise votre union fragile,
Et ton époux devient Roi !...

(Amy Robsart jette un grand cri, et tombe évanouie. Varney la contemple un moment, les bras croisés, puis il sort lentement.)

SCÈNE VII

TRESSILIAN, AMY ROBSART

TRESSILIAN, entrant.

Je viens d'entendre un cri de douleur...
C'est une femme qui souffre et qui pleure,
Et j'ai cru reconnaître sa voix.

(Il aperçoit Amy Robsart à terre, il la relève et la prend dans ses bras.)

Amy !

AMY ROBSART, le reconnaissant.

C'est toi, Tressilian ?...
Le ciel vers moi te ramène...

TRESSILIAN

Qu'as-tu ?... Dis-moi...

AMY ROBSART

Ne me demande rien.

TRESSILIAN

Soit ! Je me tais. Ordonne.

AMY ROBSART

Tressilian, écoute-moi :
Je me confie à toi,
Jure de m'obéir !

TRESSILIAN

Je jure de t'obéir !...

AMY ROBSART

Soumis à ma volonté, sans nulle résistance,
Jure de me servir.

TRESSILIAN

Je jure de te servir !...

AMY ROBSART

Tu seras mon guide fidèle ;
En quelque lieu que j'aille
Tu me suivras sans faiblir ?

TRESSILIAN

Je te suivrai sans faiblir !

AMY ROBSART

Rappelle-toi ;
Ne t'ai-je pas dit qu'avant peu
J'abandonnerais avec toi cette demeure ?
Eh bien ! je tiens ma parole, tu vois ? Je pars.
Suis-moi, suis-moi !

TRESSILIAN

Vers ton père, à Lidcote ?

AMY ROBSART

Non.

TRESSILIAN

Où donc?

AMY ROBSART

A Kenilworth!...

(Le rideau baisse rapidement.)

FIN DU PREMIER ACTE

ACTE DEUXIÈME

Au lever du rideau, sonnerie de trompettes. Une porte s'ouvre au
fond qui laisse le passage libre à une foule compacte, bruyante et
joyeuse. Des cris montent dans l'air, auxquels se mêlent les sons
de cloches et les roulements lointains des tambours.

LEICESTER et VARNEY

VARNEY, à Leicester à demi-voix.

Mes compliments, milord!... Je redoutais la scène...
Avez-vous remarqué comme la Vierge-Reine
A parlé doucement ?... On eût dit des aveux
Très tendres...

LEICESTER, un peu embarrassé.

Oui, tu vois : je fais ce que tu veux.

VARNEY, vivement, avec humilité.

Non, non! C'est le destin, milord, qui seul commande!
Et l'ambition la plus grande
Vous est permise désormais.

LEICESTER

L'ambition, Varney ?... Tu connais peu mon âme!
L'amour...

VARNEY

Oubliez-le !

LEICESTER

Jamais.

VARNEY, avec violence.

Jamais ? Alors présentez votre femme
A la Reine. Mettez ses faveurs à l'index,
Et laissez l'avantage au Comte de Sussex,

LEICESTER

Qui ? lui, Sussex... Avoir l'autorité suprême ?...

VARNEY, redevenant insinuant.

La fille d'Henri VIII vous aime
Et rêve de vous nommer roi ;
Si le danger est grand de mépriser sa foi
Et de lui présenter, milord, une rivale,
Voulez-vous exposer à sa fureur royale
Vos jours d'abord... ensuite ceux
D'Amy Robsart ?

LEICESTER

Amy !... te livrer !... sort affreux !

VARNEY seul, à part sur le devant de la scène avec un sourire diabolique.

Ambition ! ne meurs qu'avec l'ambitieux !
Prends ce cœur et le dénature,
Sois sans bornes et sans mesure
Pour l'éblouir et l'aveugler !
Reste à jamais inassouvie,
Et ne te laisses point régler
Dans les angoisses de sa vie,

> Resserre, ambition, resserre chaque jour
>   Les anneaux de ta lourde chaîne,
>   Et le favori de la Reine
> Sera mon esclave à son tour ...

(Des groupes de chevaliers paraissent et les gardes écartent la foule à coups de hallebardes. Des chevaliers de la suite de Leicester rencontrent les partisans de Sussex. Echange de compliments.)

PARTISANS DE LEICESTER

Soyez les bienvenus au château de Leister.

PARTISANS DE SUSSEX

Salut à vous, amis du noble conseiller.

PARTISANS DE LEICESTER

La valeur de Sussex, messieurs, nous est connue
Et c'est elle qu'en vous chacun de nous salue.

PARTISANS DE SUSSEX

Si le noble Leister daigne nous recevoir,
C'est qu'en lui tout est grand, courtoisie et pouvoir.

PARTISANS DE LEICESTER

Sussex est le soutien du trône d'Angleterre,
Et son bras a souvent défendu notre terre.

PARTISANS DE SUSSEX

Salut à vous, amis du noble conseiller.

PARTISANS DE LEICESTER

Soyez les bienvenus au château de Leister.

(Entrée de dames, d'évêques et de chevaliers. Pairs et officiers de la Reine. Pages et gardes de la suite des deux comtes. Cris divers.)

Au large! Faites place! Au large! C'est la Reine!
Saluons notre Souveraine!

LE CORTÈGE

(Élisabeth entre précédée de cavaliers. La Reine, dans un costume resplendissant de pierreries, monte un superbe cheval blanc, elle est suivie de ses dames d'honneur. Leicester est à droite de la Reine, tout couvert d'or et de broderies. Varney suit de près Leicester, à titre de premier écuyer; il porte la toque de velours noir ornée d'une agrafe de diamants et surmontée d'une plume blanche. Puis viennent Ratcliff, comte de Sussex, et la longue file des nobles et des conseillers, chevaliers et gentilshommes. Le cortège prend place dans les longues tribunes et sur la place.

Au moment où Élisabeth monte sur le trône, la foule chante l'hymne suivant.)

LA FOULE

Dieu, sauve Elisabeth! Daigne la protéger
Contre tout danger.
Que son règne à jamais reste dans nos mémoires
Synonyme d'amour, de splendeurs et de gloires!

GRAND DÉFILÉ ET APOTHÉOSE

Les Bretons, les Saxons, les Normands apparaissent tour à tour. Les Bretons conduits par des Druides et des Bardes, portant les images de Bélus, sont vêtus de peaux de renards; les Saxons couverts de peaux d'ours, armés de la redoutable hache d'armes, sont précédés de deux Scaldes chargés de célébrer les louanges d'Odin; les Normands, vêtus de la cotte de mailles, le casque d'acier sur la tête, précédés de ménestrels.

Tous apportent des présents à la Dame du Lac et la supplient de sortir de son humide palais.

A ces peuples succèdent les Clinton, les Mortimer et les Plantagenêts, faisant parade de leur gloire et de leur munificence pour attirer la Dame du Lac.

C'est en vain.

Alors des voix s'élèvent qui chantent un nom plus grand encore que tous ces noms fameux: ce nom, c'est celui d'ELISABETH, et aussitôt, sur les lames du Lac on voit se mouvoir un *Radeau* qui figure une *Île flottante*.

(Chœur à bouche fermée d'abord, puis psalmodiant le nom d'Élisabeth.)

Des chevaux marins montés par des tritons et des Néréides accompagnent cette *Ile* qui s'avance lentement jusqu'au rivage et l'on aperçoit alors une femme admirablement belle, revêtue d'une tunique de soie couleur azur. Elle porte une large ceinture où sont gravés des caractères mystérieux comme les phylactères des israélites. Elle a les mains et les pieds nus ; seuls des bracelets d'or ornent ses bras et ses chevilles. Sur les longues boucles de ses cheveux noirs, elle porte une couronne de gui et elle tient à la main un bâton d'ivoire. Suivie des Nymphes qui composent son cortège, la Dame du Lac vient rendre hommage à la Reine Elisabeth et, tandis qu'elle se prosterne, une pluie d'étincelles tombe sur les eaux.

ICI FINIT LA PANTOMIME DE LA DAME DU LAC

(Amy Robsart paraît à la grille de fond. Elle est accompagnée de Trecilian. Amy Robsart tend les bras vers la Reine et crie longuement « Justice! » La foule se tourne vers la suppliante. Stupeur générale. D'un geste, Élisabeth ordonne aux gardes de laisser Amy Robsart s'approcher d'elle.)

AMY ROBSART

Justice !

ELISABETH

Qu'est-ce donc ?

(Bruit confus de voix dans la foule.)

LA FOULE

Ah !

LEICESTER

Qui trouble la fête ?

(Les gardes, sur l'ordre d'Elisabeth, livrent passage à Amy Robsart.)

AMY ROBSART, aux pieds de la Reine.

Justice, justice ! pour moi !

ELISABETH, à Amy Robsart.

Parle !

VARNEY et LEICESTER

Amy !

AMY ROBSART, reconnaissant Leicester.

Lui !

LEICESTER

C'est fait de moi !

ELISABETH, relevant Amy Robsart.

Parle sans crainte, enfant... et dis nous ta requête.

AMY ROBSART

Au comté de Devon, si riant et si beau,
S'élève un manoir solitaire :
La paix est si profonde autour de ce château,
Si charmant en est le mystère
Que l'oiseau, de fort loin, vient suspendre son nid
Aux murs de la vieille bastille.
C'est là que sir Hugh Robsart vit...
Et moi je suis sa fille.

VOIX DANS LA FOULE

De Sir Hugh Robsart c'est la fille !

ELISABETH

Ton père est, en effet, un fidèle vassal :
Il a versé son sang pour ma couronne ;
Calme-toi. Mon appui royal,
Je te le donne.

AMY ROBSART

O Reine, apprends alors qu'un lâche séducteur
A terni le blason de ton vassal fidèle !
    Semblable à l'Archange vainqueur
     Dont l'aspect divin se révèle
    Et courbe les fronts devant lui,
Il m'apparut un jour, noble, jeune, sublime ;
    Il m'ordonna de fuir. J'ai lui.

LA FOULE

La pauvre enfant !

ELISABETH

Et la triste victime !

AMY ROBSART

    Oui, bien triste victime, hélas !
    Car, à présent qu'il a brisé ma vie,
    A l'abandon ne me livre-t-il pas
    Malgré la foi du serment qui nous lie ?
Et tandis que, joyeux, vers un nouvel hymen,
     Il va courir demain,
Moi, sous un poids trop lourd de honte et de douleurs,
    Je succombe... et je meurs.

              (Elle tombe aux pieds d'Elisabeth.)

LA FOULE

La pitié prend sa part de toutes les douleurs ;
    Elle saura sécher tes pleurs.

ELISABETH, gravement, à Amy.

La Reine te promet vengeance.

           (A tous ceux qui l'entourent.)

Devant vous, j'en fais le serment,
    Milords, nulle puissance
    N'empêchera le châtiment
    D'une pareille offense.

Le criminel fût-il un Comte, un Duc, un Pair,
Fût-il Sussex, fût-il Leister,
C'est à notre bourreau qu'appartiendra sa vie.

AMY ROBSART, à part, terrifiée.

Dieu puissant!... Au bourreau!... Sa vie!...

ELISABETH

Eh bien! Son nom?

LA FOULE

Son nom ?

AMY ROBSART, défaillante.

Ah! l'horrible agonie !
(Grand silence.)

ENSEMBLE

ELISABETH

Pourquoi trembles-tu devant moi ?
Quel doute nouveau te tourmente ?
Ton visage exprime l'effroi,
Ton silence est plein d'épouvante.
Brise donc le dernier lien
De tes amours trop outragées,
Et songe qu'avec mon soutien
Elles seront bientôt vengées !

LEICESTER

Gloire, funeste ambition,
Toutes vos superbes images
Sont une vaine illusion
Que dissipe le moindre orage :

2

Un souffle naît, qui, sans retour,
Couvre tout de voiles funèbres
Et la clarté même du jour
Tout à coup se change en ténèbres.

TRESSILIAN et VARNEY

Elle n'ose, dans son émoi,
Dire le mal qui la tourmente ;
Et je comprends à son effroi
Ce qui la remplit d'épouvante.
Trop cher encore est le lien
Où sa vie est toute engagée,
Pour qu'elle accepte le soutien
Qu'implorait son âme outragée.

AMY ROBSART

Ah! que m'importent l'abandon,
Les jours de colère et de fièvre!
Je le revois, et le pardon
Monte de mon cœur à ma lèvre.
Ma douleur grandit chaque jour
Au point que tout mon être en pleure ;
Mais plus grand encore est l'amour...
Je l'aime et ne veux pas qu'il meure...

LE CHŒUR

Elle n'ose, dans son émoi,
Dire le mal qui la tourmente,
Et je comprends à son effroi
Ce qui la remplit d'épouvante.
Mais il faut briser le lien
D'une telle amour outragée ;
Avec la Reine pour soutien,
Elle sera bientôt vengée!

ELISABETH, devenue soupçonneuse, saisit Amy Robsart par la main et la regarde fixement.

Parle, réponds-moi, je le veux!
Ton œil est sans regard et ta lèvre est muette...
Tu mentais tout à l'heure en faisant des aveux!
Et qui sait? ton front pur, tes pleurs et ta requête
Sont un mensonge aussi! Mais je te châtierai...

LEICESTER, s'élançant résolument.

Reine...

ÉLISABETH, avec hauteur.

Quoi donc, milord?

LEICESTER, très ferme.

C'est moi qui parlerai.

ÉLISABETH, surprise.

Vous?

LEICESTER

Son récit n'est pas le fait de la démence,
Et son silence
Croit sauver un époux d'un destin mérité.
Mais il convient qu'on sache enfin la vérité :
Le séducteur...

AMY ROBSART, désespérément.

Non! non!

VARNEY, la tête haute.

C'est moi!

LA FOULE

Lui!

LEICESTER et AMY ROBSART, à part.

Quelle audace!

VARNEY, *bas à Leicester et à Amy Robsart.*

Nier, c'est la mort quoi qu'on fasse...

(Haut à la Reine.)

C'est ma femme. Elle a perdu la raison,
Mais je l'aime et ne demande qu'une grâce,
C'est qu'on laisse à mon amour jaloux
Le soin de veiller sur elle.

ÉLISABETH, *à Amy Robsart.*

Est-il vrai que cet homme soit ton époux ?

LEICESTER, *à part.*

Que va-t-elle dire ?

ÉLISABETH

Je veux savoir la vérité.
Parle. La fille d'Henry VIII
Veut être obéie.

AMY ROBSART, *défaillante.*

C'est vrai.

ÉLISABETH *elle se tourne en souriant vers Leicester.*

Voilà qui dissipe tout soupçon.
Ne soyez donc pas offensé, milord,
Puisque je montre l'exemple du pardon.

(A Varney.)

Et vous, allez. Rétablissez la concorde conjugale
Sans plus donner de scandale à notre cour.

(Amy Robsart tombe à demi évanouie dans les bras de Varney, qui veut s'éloi-
gner avec elle. Leicester, subjugué par le regard de la Reine, s'avance vers
Élisabeth. Mouvement d'Amy Robsart, angoissée. Varney se place entre
Élisabeth et Amy Robsart, et il s'incline très bas devant la Reine.

La foule éclate en longs vivats. Fanfare. Enthousiasme populaire.)

(Rideau.)

FIN DU DEUXIÈME ACTE

ACTE TROISIÈME

PREMIER TABLEAU

UNE SALLE DANS LE CHATEAU DE KENILWORTH

On entend les échos de la fête donnée dans les jardins.
Acclamations populaires en l'honneur de Leicester.

SCÈNE PREMIÈRE

LEICESTER, seul.

Vive Leister!... Ce cri de la foule m'irrite,
Car on acclame en moi le favori royal.
   On croit mon pouvoir sans limite,
   Comme mon bonheur sans égal!
Hélas! quelle est ma joie, et quelle est ma puissance?
   Privilèges! Respects! Honneurs!
   Est-ce que tout cela balance
   Une seule de mes douleurs?
   Le mensonge a brûlé ma lèvre
   Et ma bien-aimée était là!
Mes jours s'épuiseront désormais dans la fièvre
   Sans pouvoir effacer cela.
J'ai rencontré la Mort bien souvent face à face,
   L'effroi n'a pas atteint mon cœur,
Mais aujourd'hui que tombe mon audace,
   Pour la première fois... j'ai peur...

2.

J'ai peur de te revoir, épouse bien-aimée,
  Et de lire dans tes beaux yeux
  Que toute espérance est fermée
  Et que je te suis odieux.

Si tu voulais pourtant, — ô toi que j'ai choisie, —
Et si tu me rouvrais le paradis perdu,
Je paîrais ce pardon avec toute ma vie,
Et mon être à ta voix resterait suspendu.
Ah! fuyez loin de moi, détestables fantômes
Du suprême pouvoir et de l'ambition,
  Fuyez! Il n'est point de royaumes
  Qui vaillent votre obsession;
  Et je veux être digne encore
  Du bonheur à peine entrevu,
  Digne de celle que j'adore
  Et de son amour ingénu.
Ah! fuyez loin de moi, détestables fantômes
Du suprême pouvoir et de l'ambition,
  Fuyez! Il n'est point de royaumes
  Qui vaillent votre obsession!

(Il reste absorbé dans ses pensées. La porte de gauche s'ouvre, Leicester tres-
saille, Amy Robsart paraît.)

SCÈNE II

AMY ROBSART, LEICESTER

LEICESTER

Dieu!

AMY ROBSART

Lui!

LEICESTER, presque suppliant.

Ma bien-aimée...

AMY ROBSART, sans émotion.

                              Est-ce le noble Comte
De Leister qui me parle?

ACTE TROISIÈME

LEICESTER

Hélas!

AMY ROBSART

Est-ce-bien vrai
Qu'il veuille, contemplant ma honte,
Revoir l'épouse de Varney?

LEICESTER, douloureusement.

Ah!...

AMY ROBSART

Dans quel but, milord ?

LEICESTER, relevant la tête.

Mon but est la justice.

AMY ROBSART

Pour tous?

LEICESTER

Je punirai l'infâme trahison
Dont l'orgueil m'a fait le complice.

AMY ROBSART

Et ferez-vous, mylord, qu'on me rende raison?

LEICESTER

Oui.

AMY ROBSART

Vous le jurez?

LEICESTER

Je le jure.

AMY ROBSART

En ce cas, ordonnez qu'une escorte très sûre
Me conduise au château de mon père, Hugh Robsart.

LEICESTER

Cela ne se peut pas.

AMY ROBSART

Que dites-vous?

LEICESTER

Plus tard...

AMY ROBSART

Et vous avez juré pourtant de me défendre?

LEICESTER

Le Comte de Leister a juré de vous rendre
        Justice... Il tiendra son serment!
Au peuple, aux courtisans, à la Reine hautement,
Il ira confesser qu'on vous a fait outrage,
Que vous êtes sa femme et qu'on vous doit hommage.

AMY ROBSART

Qu'entends-je?

LEICESTER

Amy, ne parle pas...
De ma faute j'ai conscience :
Pardonne, et reste dans mes bras
Et prends pitié de ma démence!

(Leicester s'est avancé vers Amy Robsart et l'a prise doucement dans ses bras. Amy Robsart, suffoquée par l'émotion, essaie vainement de se dégager de cette étreinte.)

AMY ROBSART

Oh ! tais-toi !.,. ne me tente pas !
De ta voix telle est la puissance
Que je m'abandonne à tes bras
Et que je pardonne l'offense.

LEICESTER

Eh bien, si tu m'aimes toujours,
Viens... suis-moi !...

AMY ROBSART

Mais où ?

LEICESTER

Chez la Reine.

(Amy Robsart, terrifiée par ce mot, et réussissant à s'arracher des bras de Leicester.)

AMY ROBSART

Sais-tu que le bourreau terminera tes jours
Si la Reine connaît le lien qui t'enchaîne ?

LEICESTER

Et que m'importe à moi la torture ou la mort ;
Je ne mérite pas une autre destinée...

AMY ROBSART

Qui te condamne ?

LEICESTER

Le remord.

(Il s'éloigne d'Amy Robsart, et se dirige vers la porte du fond ; mais Amy Robsart le devance et lui barre le chemin.)

AMY ROBSART

Souviens-toi de l'amour religieux
    Qui m'a si doucement bercée,
    Depuis le jour délicieux
    Où tu pris toute ma pensée !
J'ignorais que la gloire avait sur ton berceau
    Ouvert toutes grandes ses ailes,
    Et que te marquant de son sceau,
Elle te destinait aux sphères immortelles !
Et je t'aimais pourtant, et ton obscurité,
    Et l'abandon de ta famille
    Dans mes rêves de jeune fille,
L'emportaient sur la gloire et sur la majesté.
Au nom de cet amour, qui survit dans mon âme,
Laisse-moi retourner, Leister, auprès des miens,
Toi, vis heureux ! sois grand ! le trône te réclame,
Prends le triomphe, et si parfois tu te souviens,
Que ce soit pour bénir la pauvre créature
    Que tu trouvas sur ton chemin,
       Et qui t'adjure
De suivre sans regret ton superbe destin !

LEICESTER, tombant aux pieds d'Amy Robsart.

Ange de la miséricorde,
O douce image du devoir,
    Puisque ta voix m'accorde
    Le pardon et l'espoir,
Laisse-moi consacrer ma vie
A les mériter tous deux ;
    Permets qu'à tes côtés j'oublie
Mon crime...

(Amy se penche vers Leicester et lui ferme la bouche avec la main. Les deux amants se regardent longuement, oubliant leur douleur commune dans une infinie extase. Enfin Leicester se relève, et, prenant Amy Robsart dans ses bras, lui dit avec exaltation.)

Elisabeth demain quitte ces lieux,

Va m'attendre à Cumnor. C'est là que loin du monde
Nous vivrons réunis dans une paix profonde!

AMY, répétant les paroles de Leicester comme dans un rêve.

O Dieu, qu'ai-je entendu?... C'est là que loin du monde
Nous vivrons réunis dans une paix profonde!

LEICEISTER

O mon espoir! Mon ciel! Mon horizon!
Avant de t'éloigner redis ce mot suprême :
« Pardon... »

AMY ROBSART

O mon époux, je t'aime !

(Leicester tenant Amy Robsart enveloppée dans ses bras la reconduit jusqu
la porte de son appartement.)

SCÈNE III

LEICESTER, puis VARNEY

LEICESTER, seul.

Oui, oui. J'effacerai mes torts... Dans quelques heures
Fuyant ces fatales demeures,
A jamais nous serons unis
Dans la sérénité des amours infinis !

(Il frappe sur un timbre, Varney paraît.)

Prépare tout pour mon départ.

VARNEY

Vous partez, milord?... Et la Reine?...

LEICESTER

Ma reine, c'est Amy Robsart!
Je quitte Kenilworth pour le calme domaine
De Cumnor.

VARNEY

Cumnor, avez-vous dit?...
Et la puissance?... Et la Couronne?...
Est-ce ainsi qu'on les abandonne?...
Non, cent fois non, milord!... Je consens à servir
Le courtisan qui veut se hisser jusqu'au trône,
Mais je ne puis pas devenir
Le valet de votre caprice;
Puisqu'Amy Robsart vous barre le chemin...

(Avec un geste décidé.)

Que le destin
De cette femme s'accomplisse.
Sachez donc tout, Milord,
La nuit dernière, j'ai surpris en votre absence,
Caché dans le parc de Cumnor,
Tressilian!

LEICESTER

Par le ciel!

VARNEY, plus bas.

Caché comme ce soir encor...

(Il montre la fenêtre.)

LEICESTER, regardant.

Misérable! Et cet homme est là?

VARNEY

Je le confesse!

LEICESTER

Alors ce n'est pas la comtesse
Qu'il vient retrouver... c'est la mort!

(Varney s'éloigne rapidement, Tressilian paraît aussitôt.)

LEICESTER

Ah! Tressilian!

TRESSILIAN

Leister!

LEICESTER

Vous êtes venu sur mon âme,
Afin de voir Amy Robsart!...
Défendez-vous, infâme!

(Tressilian et Leicester se battent. Tressilian est désarmé.)

Et maintenant, avoue, et je te ferai grâce :
Qui t'a fait venir en ce lieu?

TRESSILIAN

Qui?... Mais Varney! sur votre ordre.

LEICESTER

Grand Dieu !
C'est bien Varney, dis-tu?... Mais alors son audace
Peut attenter aux jours d'Amy !... Suivons sa trace !...

TRESSILIAN

Que pensez-vous?

LEICESTER

Courons! S'il en est temps encor
Nous rejoindrons cet homme à Cumnor.

TRESSILIAN

A Cumnor!

(Ils sortent.)

DEUXIÈME TABLEAU

AU CHATEAU DE CUMNOR

SCÈNE PREMIÈRE

LAMBOURNE, VARNEY

LAMBOURNE, légèrement ivre, s'approchant de Varney et lui montrant la tour.)

Amy Robsart attend son maître.

VARNEY

Et son maître viendra... Mais Tressilian, celui
Que, moi, j'attends, viendra-t-il?

LAMBOURNE

Oui.

VARNEY

Peut-être!
Il faut tout prévoir aujourd'hui.

(Varney fait signe à Lambourne de se rapprocher.)

Admettons que Leister pardonne à cette femme,
Même s'il trouve ici le jeune Tressilian...
Elle peut, en ce cas, à Dieu rendre son âme
Très naturellement.

LAMBOURNE

Certe.

VARNEY

Et le Comte ainsi redeviendra le Comte.

LAMBOURNE, prenant un ton grave.

Bien sûr! Il est de ceux sur qui le pays compte
Pour donner à la Cour des bals très chamarrés
Et des fleuves de vin aux gosiers altérés!

VARNEY

Et tous ceux qui suivent sa route,
Le jour qu'il s'éveillera roi,
S'éveilleront nobles...

LAMBOURNE

                    Sans doute.
            Ainsi, moi,
Je serai fait baron!.. Baron Michel Lambourne!

VARNEY

Oui, mais il est un obstacle à cela...

LAMBOURNE

Un obstacle?.. On le tourne.

VARNEY

C'est mon avis. Ecoute alors...
                    (Il lui montre la tour où est Amy Robsart.)
            L'obstacle est là.
                    (Mouvement de Lambourne.)

Voici ce qu'il faut faire avant qu'elle ne sorte.
Il existe une trappe au seuil de cette porte.
Un seul verrou fait basculer
Cette trappe... Et celui qui passe va rouler
Alors dans l'abime.

LAMBOURNE

Diantre!... Un crime?

VARNEY

Mais non... Tu tires le verrou;
C'est le hasard qui fait le reste.

LAMBOURNE, très décidé.

Puisque c'est le hasard qui lui casse le cou,
Je vais l'aider. Toi, reste!...

(Il sort.)

SCÈNE II

VARNEY, puis LEICESTER et TRESSILIAN.

VARNEY

Il était temps... C'est lui, le Comte de Leister.

LA VOIX D'AMY ROBSART, dans la tour.

C'est toi, c'est toi! Oh! mon bien aimé,
Comme il est doux le bonheur du retour!

VARNEY

Triomphe, ambition!...

LEICESTER, au dehors.

Amy! Amy!

(Leicester entre en scène avec Tressilian, Varney se cache.
Amy Robsart paraît sur le seuil de la porte. Elle ↑ 1 les bras vers Leicester.)

AMY ROBSART

Leister!

LEICESTER

Amy!

(La trappe s'ouvre. Au premier pas qu'elle fait, Amy Robsart disparaît dans
l'abîme. Les deux hommes poussent un cri d'épouvante.)

TRESSILIAN

Ah!

LEICESTER

Ciel!... Morte!...

(A Tressilian.)

Prenez donc mon épée et percez-moi le cœur!...

(Le rideau baisse rapidement.)

FIN

Paris. — Imp. PAUL DUPONT, 4, rue du Bouloi (Cl.)   37.4.91.

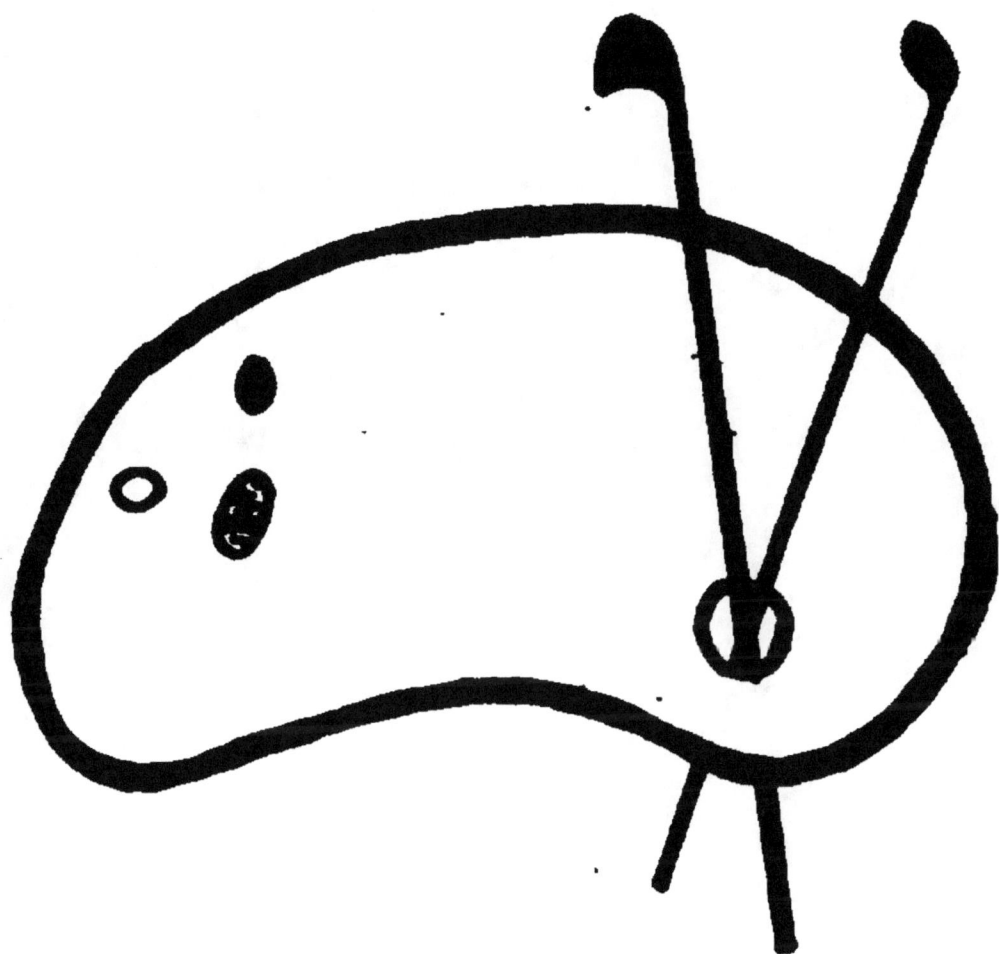

www.ingramcontent.com/pod-product-compliance
Lightning Source LLC
LaVergne TN
LVHW022147080426
835511LV00008B/1305